ATTENTION ! FAIS MARCHER TON IMAGINATION

Nicola O'Byrne

Texte français de Rose-Marie Vassallo

Père Castor ■ Flammarion

Un jour, Lapin s'ennuyait très fort.
— Si seulement il se passait **DES CHOSES** !
soupirait-il.

— PARDON

de te déranger,

dit une voix.
Je peux quelque chose pour toi ?

C'était le loup.
— Euh, oui, peut-être, répondit Lapin.
JE M'ENNUIE.

— Ah bon ? dit Loup.
Et si nous inventions une histoire ?
Je suis **BIBLIOTHÉCAIRE**, vois-tu.
Les bibliothécaires s'y connaissent
en **HISTOIRES**.

— Tu ne ressembles pas vraiment
à un bibliothécaire, dit Lapin.
Comme tu as de **GRANDES OREILLES !**

— C'est pour mieux écouter
les histoires, mon enfant,
dit Loup.

— Et comme tu as
de **GRANDS YEUX !**
— C'est pour mieux lire
les histoires, mon enfant.

— Hum ! fit Lapin.
Il me semble avoir déjà entendu
quelque chose comme ça, et...

— Peu importe, coupa Loup.
Commençons notre histoire.

— Mais par quoi commencer ?
demanda Lapin.

— FAIS MARCHER
TON IMAGINATION !
À toi de trouver
des **mots** et
d'inventer des
images dans ta tête,
EXPLIQUA LOUP.
Et, bien sûr, il n'y a
qu'UNE façon de
commencer
une histoire...

IL ÉTAIT
UNE FOIS...

— Et elle va parler de quoi, notre histoire ? dit Lapin.

— Mais enfin ! **Fais marcher ton imagination !**

— Je sais ! s'écria Lapin.
Elle va parler de ***FUSÉES SPATIALES*** !
D'ÉNORMES explosions ! Oh ! et de **bananes** !
Il nous faut des TAS de **bananes** !!!

— Hmm, je ne pense pas,
dit Loup. Je verrais plutôt
un *conte de fées,*
c'est mieux pour se régaler.
Et, bien sûr, il nous faut
un méchant.

— Une souris, par exemple ?
suggéra Lapin.

— Je pensais à quelque chose
de **PLUS GROS**, dit Loup.

— Un **ÉLÉPHANT !** s'exclama Lapin.

— Euh, peut-être quelque chose
d'un peu moins gros ?
dit Loup bien vite.

— Et pourquoi pas **TOI**,
Loup ? proposa Lapin.

— Ah ! en voilà,
une bonne idée,
répondit Loup.

— Et ensuite ? demanda Lapin.

— Ensuite, bien sûr, il nous faut un héros.

— Moi, moi, moi ! cria Lapin.

— Excellente idée,
dit Loup.

— Et je vais être
habillé comment ?
dit Lapin.

— Oh... ça n'a pas
grande importance,
répondit Loup.
**FAIS MARCHER
TON IMAGINATION !**

— En ***COSMONAUTE !***
s'écria Lapin. Ou avec
un chapeau de **pirate** !
Ou peut-être... avec ce
petit capuchon rouge ?

— À mon avis,
tu n'as besoin de rien,
dit Loup avec
un sourire.

— Et cette histoire, elle se passe où ? demanda Lapin.

— **FAIS MARCHER TON IMAGINATION !**

— C'est difficile, dit Lapin.
Et toi, Loup, tu as une idée ?

— Je pensais à un endroit...
avec des arbres,
répondit Loup.

— Oh, pourquoi pas une **forêt** ? s'écria Lapin.

— Ah ! mais en voilà, une bonne idée, dit Loup.

Lapin se sentit très fier.
— Nous avons un méchant,
un héros, une forêt, dit-il.
Elle va commencer bientôt, notre histoire ?

— Oui ! dit Loup, riant de toutes ses dents.

Elle commence même...

... MAINTENANT !

– Je n'aime pas... cette HISTOIRE... Pas du tout... disait Lapin

tout essoufflé,
LE LOUP
à ses trousses.

– AH BON ? grogna Loup.
Bah, ne t'en fais pas,
elle est presque **finie.**

– Voilà ce que j'appelle

UNE BELLE HISTOIRE,

dit Lapin.

– Quoi de plus
MERVEILLEUX
que
l'IMAGINATION ?

– **FINIE ?** Pas d'accord !
dit Lapin en s'arrêtant net.
C'est **MOI** le héros, après tout.

Alors, je vais...

FAIRE MARCHER MON

IMAGINATION !

Et...

Prêt pour le décollage ?

F

... c'est ce que
Lapin fit !

– QUOI ?!
protesta Loup.
Ce n'est pas une bonne idée
DU TOUT !

– AH BON ?
dit Lapin en riant.
Bah, ne t'en fais pas,
l'histoire est presque finie.

5, 4, 3, 2, 1...

SOULEVER

EU!